BEI GRIN MACHT SICH IHR WISSEN BEZAHLT

- Wir veröffentlichen Ihre Hausarbeit,
  Bachelor- und Masterarbeit

- Ihr eigenes eBook und Buch -
  weltweit in allen wichtigen Shops

- Verdienen Sie an jedem Verkauf

Jetzt bei www.GRIN.com hochladen und kostenlos publizieren

Bibliografische Information der Deutschen Nationalbibliothek:

Die Deutsche Bibliothek verzeichnet diese Publikation in der Deutschen National-bibliografie; detaillierte bibliografische Daten sind im Internet über http://dnb.d-nb.de/ abrufbar.

Impressum:

Copyright © 2015 GRIN Verlag, Open Publishing GmbH
Druck und Bindung: Books on Demand GmbH, Norderstedt Germany
ISBN: 9783668301047

Dieses Buch bei GRIN:

http://www.grin.com/de/e-book/340197/beweglichkeits-und-koordinationstraining-testung-und-trainingsplanung

Philipp Jeutter

Beweglichkeits- und Koordinationstraining. Testung und Trainingsplanung

GRIN Verlag

Deutsche Hochschule für

Prävention und Gesundheitsmanagement

Hermann Neuberger Sportschule 3

66123 Saarbrücken

Einsendeaufgabe

Fachmodul:	Trainingslehre 3
Studiengang:	Fitnessökonomie
Datum **Präsenzphase**	**02.11.2015 – 04.11.2015**
Name, Vorname:	Jeutter, Philipp
Studienort:	**Stuttgart**
Semester:	**Sommersemester 2013/ 6. Semester**

Inhaltsverzeichnis

1   PERSONENDATEN...3

2   BEWEGLICHKEITSTESTUNG...3

2.1   Brustmuskulatur (M. pectoralis major)...3

2.2   Hüftbeugemuskulatur (speziell M. iliopsoas)...4

2.3   Kniestreckmuskulatur (speziell M. rectus femoris).......................................5

2.4   Kniebeugemuskulatur...6

2.5   Wadenmuskulatur (Mm. triceps surae)..6

3   TRAININGSPLANUNG BEWEGLICHKEITSTRAINING...........................7

4   TRAININGSPLANUNG KOORDINATIONSTRAINING - GLEICHGE-
WICHTSTRAINING...12

5   LITERATURRECHERCHE: EFFEKTE DES DEHNENS IM HINBLICK
AUF DIE SPORTLICHE LEISTUNGSFÄHIGKEIT..................................16

6   LITERATURVERZEICHNIS..18

7   ABBILDUNGS- UND TABELLENVERZEICHNIS...................................18

7.1   Tabellenverzeichnis..18

1 Personendaten

Tab. 1: Personendaten (eigene Darstellung)

Alter	24 Jahre
Geschlecht	Männlich
Körpergröße	185 cm
Körpergewicht	79 Kg
Trainingsmotive	• Beweglichkeit verbessern • Beschleunigung der Regeneration • Leistungssteigerung durch bessere Beweglichkeit
Berufliche Tätigkeit	Student (sitzend)
Aktuelle sportliche Aktivitäten	• 4 mal pro Woche Fußball (3 Trainingseinheiten und ein Spiel; Amateurniveau) • 1 mal pro Woche Ganzkörperkrafttraining (Fortgeschritten)
Körperliche Beschwerden	• Orthopädisch: keine • Internistisch: keine • Ärztliche Behandlungen: keine • Derzeitige Medikamenteneinnahme: keine
Zeitlicher Verfügungsrahmen	Ca. 5 Stunden pro Woche

Die Person ist in vollem Maße belastbar und körperlich fit.

Es müssen keinerlei körperliche Einschränkungen berücksichtigt werden.

2 Beweglichkeitstestung

Die folgenden Beweglichkeitstests erfolgen in der manuellen Durchführung nach Janda.

2.1 Brustmuskulatur (M. pectoralis major)

Die Person legt sich in Rückenlage auf eine Liege.

Dabei sind die Beine angewinkelt, die Füße werden auf der liege platziert.

Der Proband wird durch einen leichten Zug auf den Brustkorb fixiert. Das Ellbogengelenk des zu testenden Armes ist im 90° Winkel gebeugt und im Schultergelenk abduziert sowie nach außen rotiert. Der Beweglichkeitsradius in der Horizontalen bestimmt den Grad der Beweglichkeit.

Es gilt darauf zu achten, dass Becken sowie Lendenwirbelsäule fixiert bleiben, sodass das Testergebnis nicht beeinflusst wird.

Tab. 2: Beweglichkeitstest (eigene Darstellung)

	Testergebnis	
Beweglichkeitsgrad	Rechts	Links
Stufe 0: Keine Einschränkungen in der Beweglichkeit; Oberarm erreicht ohne Druck die Horizontale und kann durch leichten Druck des Testers unter diese bewegt werden	Stufe 0	Stufe 0
Stufe 1: Leichte Einschränkungen in der Beweglichkeit; Oberarm kann Horizontale nur durch leichten Druck des Testers erreichen		
Stufe 2: Starke Einschränkungen in der Beweglichkeit; Oberarm kann auch mit Druck des Testers Horizontale nicht erreichen		

Der Fokus muss nicht auf die Brustmuskulatur gelegt werden, da die Person die Teststufe 0 erreicht, also in diesem Bereich keine Einschränkungen hat.

2.2 Hüftbeugemuskulatur (speziell M. iliopsoas)

Der Kunde nimmt erneut auf einer Liege in Rückenlage platz. Das Gesäß befindet sich am Rand der Liege, die Beine hängen hinunter.

Nun wird ein Bein mit beiden Händen so weit wie möglich zum Körper herangezogen, während sich das andere Bein weiter im Überhang befindet.

Der Tester achtet auf die Hüftbeugung im freien Bein.

Der Hüftbeugewinkel bestimmt den Messbereich.

Es gilt darauf zu achten, dass Becken und Lendenwirbelsäule fixiert bleiben, da ansonsten das Messergebnis verfälscht werden kann.

Tab. 3: Test Hüftbeugemuskulatur (eigene Darstellung)

Beweglichkeitsgrad	Testergebnis	
	Rechts	Links
Stufe 0: Keine Einschränkungen in der Beweglichkeit; Oberschenkel kann durch die Testperson in die Horizontale bewegt werden und durch leichten Druck des Testers sogar darunter		
Stufe 1: Leichte Einschränkungen in der Beweglichkeit; Oberschenkel kann nur durch Druck des Testers erreichen; leichte Hüftbeugestellung	Stufe 1	Stufe 1
Stufe 2: Starke Einschränkungen in der Beweglichkeit; Auch durch Druck des Testers kann der Oberschenkel die Horizontale nicht erreichen		

Der Kunde weißt in diesem Bereich leichte Beweglichkeitsdefizite auf. Im Test erreichte der Oberschenkel die Horizontale nur durch leichten Druck des Testers (Stufe 1), weshalb bei Trainingsplanung die Hüftbeugemuskulatur fokussiert werden kann.

2.3 Kniestreckmuskulatur (speziell M. rectus femoris)

Der Kunde befindet sich erneut in Rückenlage auf einer Behandlungsliege, während das Gesäß am Rand der Liege platziert wird und die Beine hinunter hängen.

Nun umschließt der Proband ein Bein mit beiden Händen und zieht es nah zur Brust heran wie möglich. Der Tester bewegt nun das freie Bein in einen maximalen Kniebeugewinkel, welcher den Messbereich bestimmt.

Es gilt darauf zu achten, dass Becken und Lendenwirbelsäule fixiert sind, da ansonsten das Messergebnis verfälscht werden kann, zudem darf die Beugung des Kniegelenks nicht behindert werden.

Tab. 4: Test Kniestreckmuskulatur (eigene Darstellung)

Beweglichkeitsgrad	Testergebnis	
	Rechts	Links
Stufe 0: Keine Einschränkungen in der Beweglichkeit; Unterschenkel hängt ohne Druck senkrecht hinunter; Übt der Tester Druck aus, kann die Beugung im Kniegelenk vergrößert werden	Stufe 0	Stufe 0
Stufe 1: Leichte Einschränkungen in der Beweglichkeit; Kniegelenk kann 90° Beugung nur mithilfe des Testers erreichen		

Stufe 2: Starke Einschränkungen in der Beweglichkeit; Kniegelenk kann auch durch Druck des Testers keine 90° Beugung erreichen		

Dieser Bereich muss bei der Trainingsplanung nicht besonders berücksichtigt werden, da im Test die Stufe 0 erreicht wurde und somit keine Einschränkung in der Beweglichkeit besteht.

2.4 Kniebeugemuskulatur

Der Proband nimmt in Rückenlage auf einer Behandlungsliege platz.

Das freie Bein ist angewinkelt und mit dem Fuß auf der Liege platziert.

Der Tester führt nun das zu testende Bein mit gestrecktem Kniegelenk in die maximale Hüftflexion. Der Grad der Beweglichkeit wird durch den Hüftbeugewinkel bestimmt.

Es gilt daraus zu achten, dass die Patella des getesteten Beines während der Durchführung frei bleibt, das getestete Bein gestreckt bleibt und das freie Bein seine Position nicht verändert. Zudem müssen Becken und Lendenwirbelsäule fixiert bleiben, da ansonsten das Messergebnis beeinträchtigt werden kann.

Tab. 5: Test Kniebeugemuskulatur (eigene Darstellung)

Beweglichkeitsgrad	Testergebnis	
	Rechts	Links
Stufe 0: Keine Einschränkungen in der Beweglichkeit; Flexion im Hüftgelenk erreicht 90°	Stufe 0	Stufe 0
Stufe 1: Leichte Einschränkungen in der Beweglichkeit; Flexion im Hüftgelenk erreicht 80-90°		
Stufe 2: Starke Einschränkungen in der Beweglichkeit; Flexion im Hüftgelenk bleibt unter 80°		

Dieser Bereich benötigt bei der Trainingsplanung ebenfalls keine besondere Aufmerksamkeit, da im Test die Teststufe 0 erreicht werden konnte.

2.5 Wadenmuskulatur (Mm. triceps surae)

Der Proband befindet sich in Rückenlage auf einer Liege. Das freie Bein ist gebeugt, der Fuß befindet sich auf der Unterlage. Das zu testende Bein befindet sich in Streckung und die untere Hälfte des Unterschenkels ragt über die Liege hinaus. Das Bein wird nun vom Tester mit der einen Hand an der Ferse und mit der anderen Hand an der Fußkante gegriffen. Der Fuß wird nun durch Zug an der Ferse und leichten Druck auf die Fußaußenkante in eine maximale Dorsalextension bewegt. Der Hauptzug erfolgt an der Ferse.

Es gilt darauf zu achten, dass der Daumen am äußeren Fußrand Druck ausübt und nicht in der Mitte der Fußsohle.

Tab. 6: Test Wadenmuskulatur (eigene Darstellung)

Bewegelichkeitsgrad	Testergebnis	
	Rechts	Linkst
Stufe 0: Keine Einschränkungen in der Beweglichkeit; Dorsalextension kann mindestens bis 0° durchgeführt werden (90° zwischen Fuß und Unterschenkel)	Stufe 0	Stufe 0
Stufe 1: Leichte Einschränkungen in der Beweglichkeit; Dorsalextension möglich, 0° Stellung jedoch nicht		
Stufe 2: Starke Einschränkungen in der Beweglichkeit; Dorsalextension kann nicht weiter als 10° unterhalb der 0° Stellung durchgeführt werden		

Der Proband erreicht im Test die Stufe 0, weshalb die Wadenmuskulatur nicht speziell gedehnt werden muss.

3 Trainingsplanung Beweglichkeitstraining

Bevor mit der Durchführung des Trainings begonnen wird, führt der Proband selbständig ein allgemeines Aufwärmtraining durch.

Die Trainingeinheit beginnt mit einer Übung für die Hüftbeugemuskulatur, da diese bei der Testung der Dehnfähigkeit Schwächen aufgewiesen hat.

Dehnung der Hüftbeugemuskulatur

Zu dehnende Muskelgruppe	M. ilopsoas; M. rectus femoris
Dehnmethode	postisometrisch
Ausführung	Die Person befindet sich im Ausfallschritt, wobei das hintere Knie auf dem Boden aufliegt. Der Unterschenkel des vorderen Beines steht senkrecht zum Fuß, das Kniegelenk befindet sich in ca. 90° Beugung. Die Hände und der Oberkörper sind auf dem vorderen Oberschenkel gestützt, wobei es darauf zu ach-

	ten gilt, dass der Rücken möglichst gerade bleibt. Um die Dehnung durchzuführen wird nun der Oberkörper nach vorne geschoben. Zunächst wird eine leichte Dehnposition eingenommen, danach wird die Muskulatur isometrisch kontrahiert (ca. 6 – 10 Sekunden). Anschließend folgt eine kurze Entspannungsphase (ca. 2 – 3 Sekunden). Nun wird erneut die Dehnposition eingenommen und die Spannung erneut statisch gehalten (ca. 10 – 20 Sekunden). (Hohmann, Lames & Letzelter, 2002, S100; Sölveborn, 1983, S 13)
Dehndauer	Isometrische Kontraktion (ca. 6-10 Sekunden) Entspannung (ca. 2 – 3 Sekunden) Statische Dehnung (10 – 20 Sekunden) Danach Wiederholung auf Gesamtdehndauer von ca. 60 Sekunden
Intensität	Schmerzgrenze
Einheiten pro Woche	3
Sätze pro Übung	3

Dehnung des Beinstreckers

Zu dehnende Muskelgruppe	M. quadriceps femoris
Dehnmethode	Statisch passiv
Ausführung	In der Ausgangsposition wird auf beiden Beinen, in etwa hüftbreit, gestanden, der Oberkörper ist aufrecht. Um in die Dehnposition zu gelangen wird nun ein Sprunggelenk mit der Hand der jeweiligen Seite gegriffen und zum Gesäß herangezogen. Beide Oberschenkel sind dabei parallel zueinander. Um die endgültige Dehnposition zu erreichen, wird das Becken leicht nach vorn geschoben. Diese Position wird nun statisch gehalten.
Dehndauer	20 Sekunden
Intensität	Schmerzgrenze
Einheiten pro Woche	2
Sätze pro Übung	2

Dehnung des Beinbeugers

Zu dehnende Muskelgruppe	M. biceps femoris; M. semitendinosus; M. semimembranosus
Dehnmethode	Statisch passiv
Ausführung	In der Ausgangsposition befindet sich die Person in Rückenlage. Zunächst sind beide Füße auf der Unterlage aufgestellt, die Knie sind gebeugt und das Gesäß ist ebenfalls auf der Unterlage abgelegt. Um in die Dehnposition zu gelangen, wird nun das Bein der zu dehnenden Seite mit beiden Händen am Oberschenkel leicht unterhalb der Kniekehle gegriffen und maximal an den Ober-

	körper herangezogen, bis die Schmerzgrenze erreicht wird.
Dehndauer	20 Sekunden
Intensität	Schmerzgrenze
Einheiten pro Woche	2
Sätze pro Übung	2

Dehnung der Wadenmuskulatur

Zu dehnende Muskelgruppe	M. gastrocnemius; M. soleus
Dehnmethode	Dynamisch aktiv
Ausführung	Die Ausgangsposition ist ein leichter Ausfallschritt. Das Bein der zu dehnenden Seite befindet sich hinten, dessen Fußsohle ist komplett auf dem Boden aufgesetzt. Die beiden Füße bilden eine Linie, der Oberkörper ist aufrecht. Um die Dehnposition zu erreichen, wird nun der Oberkörper mit geradem Rücken nach vorn gebeugt, und das vordere Bein stärker angewinkelt, sodass in der Wade ein zunehmendes Ziehen zu spüren ist. Es gilt darauf zu achten, dass beide Füße stets auf dem Boden abgestellt sind und bei sich bei der Beugung nach vorn nicht auf dem Oberschenkel abgestützt wird.
Dehndauer	ca. 15 Wiederholungen
Intensität	Schmerzgrenze
Einheiten pro Woche	2
Sätze pro Übung	2

Dehnung der Gesäßmuskulatur

Zu dehnende Muskelgruppe	M. glutaeus maximus; M. glutaeus medius; M. glutaeus minimus
Dehnmethode	Statisch passiv
Ausführung	Die Ausgangsposition für diese Übung ist die Rückenlage, während zunächst beide Beine mit gebeugten Kniegelenken auf den Füßen aufgestellt sind. Nun wird ein Bein nach innen rotiert und leicht unterhalb des Knies des aufgestützten Beines mit dem Unterschenkel abgelegt. Um in Dehnposition zu kommen wird das abgestützte Bein unterhalb der Kniekehle gegriffen und so nah wie möglich zum Körper herangezogen und dort statisch gehalten.
Dehndauer	20 Sekunden
Intensität	Schmerzgrenze
Einheiten pro Woche	2

Sätze pro Übung	2

Dehnung der Bauchmuskulatur

Zu dehnende Muskelgruppe	M. rectus abdominis; M. rectus obliquus internus abdominis; M. obliquus externus abdominis
Dehnmethode	Statisch passiv
Ausführung	Ausgangsposition ist die Bauchlage. Die Hände stützen sich mit den Handflächen und leicht angewinkelten Armen auf die Unterlage. Um die Dehnposition zu erreichen werden nun die Arme durchgestreckt und der Rücken durchgebogen, bis im Bauchbereich ein Dehngefühl zu spüren ist. Diese Position wird statisch gehalten.
Dehndauer	20 Sekunden
Intensität	Schmerzgrenze
Einheiten pro Woche	2
Sätze pro Übung	2

Dehnung des Rückenstreckers

Zu dehnende Muskelgruppe	M. erector spinae
Dehnmethode	Dynamisch aktiv
Ausführung	Die Person befindet sich in der Ausgangsposition im Vierfüßlerstand. Die Handflächen liegen auf der Unterlage auf und zeigen nach vorn. Die Kniegelenke sind leicht angewinkelt, der Rücken ist durchgestreckt. Um die Dehnposition zu erreichen wird nun die Bauchmuskulatur angespannt und der Rücken zu einem „Katzenbuckel" durchgebogen.
Dehndauer	ca. 15 Wiederholungen
Intensität	Natürliche Dehnschwelle
Einheiten pro Woche	2
Sätze pro Übung	2

Dehnung der Brust- und Armbeugemuskulatur

Zu dehnende Muskelgruppe	M. pectoralis major; M. biceps brachii; M. deltoideus pars clavicular
Dehnmethode	Dynamisch aktiv
Ausführung	Die Person befindet sich in einem hüftbreiten Stand, die Knie sind leicht gebeugt, der Oberkörper ist aufrecht. Die arme befinden sich gestreckt und überkreuzt hinter dem Rücken, wobei die Handflächen vom Körper weg zeigen. Um die Dehnung zu erreichen werden die Arme nun nach hinten oben gezogen.

Dehndauer	ca. 15 Wiederholungen
Intensität	Schmerzgrenze
Einheiten pro Woche	2
Sätze pro Übung	2

Dehnung der Schulterblattfixatoren

Zu dehnende Muskelgruppe	M. trapezius pars descendens; M. trapezius pars traversa; Mm. rhomboidei; M. erector spinae
Dehnmethode	Dynamisch aktiv
Ausführung	Als Ausgangsposition wird erneut ein hüftbreiter, aufrechter Stand eingenommen, während die Knie leicht gebeugt sind. Der Rumpf ist dabei angespannt, der Rücken gerade und der Kopf befindet sich in Verlängerung der Wirbelsäule. Die Arme sind verschränkt, zeigen jedoch vom Körper weg. Um die Dehnposition zu erreichen werden nun die Schulterblätter aktiv durch die Arme nach vorn gezogen, während der Kopf leicht mit geneigt wird.
Dehndauer	ca. 15 Wiederholungen
Intensität	Schmerzgrenze
Einheiten pro Woche	2
Sätze pro Übung	2

Dehnung der Nackenmuskulatur

Zu dehnende Muskelgruppe	M. trapezius pars descendens; M. erector spinae/Cervical Extensoren
Dehnmethode	Statisch aktiv
Ausführung	Die Ausgangslage für diese Übung ist ein hüftbreiter Stand, die Knie sind leicht gebeugt. Der Oberkörper ist aufrecht, der Kopf ist in Verlängerung der Wirbelsäule. Um die Dehnschwelle zu erreichen, wird der Kopf nun nach vorne unten zur Brust hin gezogen. Falls nötig können die Arme nach hinten genommen werden, um so die Dehnung zu verstärken.
Dehndauer	20 Sekunden
Intensität	Natürliche Dehnschwelle
Einheiten pro Woche	2
Sätze pro Übung	2

Das Dehnprogramm beginnt aufgrund der Ergebnisse der Beweglichkeitstests mit einer Dehnübung für die Hüftbeugemuskulatur, da hier Defizite herausgestellt wurden.

Im Gegensatz zu allen anderen Übungen wird diese aufgrund der leichten Schwäche 3 mal pro Woche in jeweils 3 Serien durchgeführt.

Da diese Defizite allerdings nur minimal sind, wird der Hüftbeugemuskulatur bei der Auswahl der Dehnmethoden keine größere Rolle zugeordnet.

Da die Person körperlich fit und somit belastbar ist, wird beim statischen Dehnen ca. 20 Sekunden gehalten, was einem Fortgeschrittenen entspricht.

Dieser Einordnung folgt auch die Wiederholungszahl (15) beim dynamischen Dehnen. Freiwald (2004) gibt als Obergrenze 15 Wiederholungen an.

4 Trainingsplanung Koordinationstraining - Gleichgewichtstraining

Übung 1: Gewichtsverlagerung auf stabiler Unterstützfläche auf beiden Beinen

Ausführung	Ausgangslage ist ein etwa hüftbreiter, stabiler Stand, die Hände sind dabei in die Hüfte gestemmt. Zur Übungsdurchführung wird nun das Körpergewicht in verschiedene Richtungen aus dem Lot gebracht. Die Aufgabe des Probanden ist es, den Körper wieder ins Lot zurückzuführen, sowie stets eine aufrechte Körperhaltung zu bewahren.
Hilfsmittel	-
Trainingshäufigkeit pro Woche	3x
Sätze pro Übung	3
Satzpausen	45 Sekunden
Belastungsdauer	25 Sekunden je Satz

Übung 2: Gewichtsverlagerung auf stabiler Unterstützfläche auf einem Bein

Ausführung	Bei dieser Übung steht die Versuchsperson zunächst auf einem Bein, das andere befindet sich leicht angewinkelt etwas weiter oben am Standbein. Aufgabe ist es nun, wie in der vorherigen Übung, die Gewichtsverlagerung des Körpergewichts in alle vier Richtun-

	gen auszugleichen, und den Körper wieder ins Lot zu bringen. Auch hier gilt es den Oberkörper stets aufrecht zu halten.
Hilfsmittel	-
Trainingshäufigkeit pro Woche	3x
Sätze pro Übung	3 pro Bein
Satzpausen	45 Sekunden
Belastungsdauer	25 Sekunden je Satz

Übung 3: Ausbalancieren mit geschlossenen Augen

Ausführung	Die Person steht im Schlussstand, die Arme zeigen geradeaus und die Augen sind dabei geschlossen. Inhalt der Übung ist es, auf die komplette Dauer (25 Sekunden), bzw. so lange wie möglich den Stand beizubehalten, ohne dabei die Fußstellung zu verändern.
Hilfsmittel	-
Trainingshäufigkeit pro Woche	3x
Sätze pro Übung	3
Satzpausen	45 Sekunden
Belastungsdauer	25 Sekunden je Satz

Übung 4: Ausbalancieren mit geschlossenen Augen auf einem Bein

Ausführung	Ausgangslage ist der Einbeinstand. Die Arme hängen seitlich vom Körper und die Augen sind geschlossen. Inhalt der Übung ist es, auf die komplette Dauer (25 Sekunden), bzw. so lange wie möglich den Stand beizubehalten, ohne dabei die Fußstellung zu verändern.
Hilfsmittel	-
Trainingshäufigkeit pro Woche	3x
Sätze pro Übung	3
Satzpausen	45 Sekunden
Belastungsdauer	25 Sekunden je Satz

Übung 5: Gleichgewichtsverlagerung auf instabiler Fläche

Ausführung	Die Person befindet sich auf mit beiden Beinen auf einem Wackelbrett. Der Oberkörper ist aufrecht, die Hände sind in die Seite gestemmt. Nun beginnt die Person ihr Körpergewicht zu allen vier Achsen zu verlagern. Aufgabe ist es, ohne den Stand zu verändern, den Körper wieder ins Lot zu bringen.
Hilfsmittel	Wackelbrett
Trainingshäufigkeit pro Woche	3x
Sätze pro Übung	3

Satzpausen	45 Sekunden
Belastungsdauer	25 Sekunden je Satz

Übung 6: Ausbalancieren mit geschlossenen Augen auf instabiler Fläche

Ausführung	Die Person steht mit beiden Beinen auf der instabilen Fläche, in diesem Fall auf einem Wackelbrett, die Augen werden zum Start der Übung geschlossen. Ziel ist es, das Körpergewicht über die gesamte Übungsdauer auszugleichen.
Hilfsmittel	Wackelbrett
Trainingshäufigkeit pro Woche	3x
Sätze pro Übung	3
Satzpausen	45 Sekunden
Belastungsdauer	25 Sekunden je Satz

Übung 7: Ball fangen

Ausführung	Die Person befindet sich in einem stabilen, hüftbreiten Stand. Nun wird ihr durch eine zweite Person immer wieder ein Ball auf die linke Seite, rechte Seite und mittig zugeworfen. Aufgabe ist es den Ball mit beiden Händen zu fangen.
Hilfsmittel	Softball
Trainingshäufigkeit pro Woche	3x
Sätze pro Übung	3
Satzpausen	45 Sekunden
Belastungsdauer	15 Wiederholungen

Übung 8: Ball auf Kopfhöhe fangen

Ausführung	Ausgangslage ist erneut ein stabiler, hüftbreiter Stand. Der Person wird erneut ein Ball zugeworfen, bei dieser Übung jedoch auf Kopfhöhe. Aufgabe ist es, den Ball, egal ob rechts, links oder mittig geworfen, spätestens auf Kopfhöhe zu fangen.
Hilfsmittel	Softball
Trainingshäufigkeit pro Woche	3x
Sätze pro Übung	3
Satzpausen	45 Sekunden
Belastungsdauer	15 Wiederholungen

Übung 9: Ballfangen auf einem Bein

Ausführung	Die Person steht in der Ausgangsposition auf einem Bein. Der Oberkörper ist aufrecht, die Hände sind in der Seite.

	Nun wird ihr durch eine zweite Person ein Ball zunächst mittig, dann auch links und rechts zugeworfen. Ziel ist es zum einen, den Ball zu fangen, zum anderen soll die Person dabei stets ihr Gleichgewicht halten und nicht mit dem abgewinkelten Bein auftreten.
Hilfsmittel	Softball
Trainingshäufigkeit pro Woche	3x
Sätze pro Übung	3
Satzpausen	45 Sekunden
Belastungsdauer	15 Wiederholungen

Übung 10: Ballfangen auf einem Wackelbrett

Ausführung	Die Person befindet sich mit beiden Beinen auf einem Wackelbrett, der Oberkörper ist aufrecht, die Hände sind in die Seite gestemmt. Die Person bekommt nun einen Softball zugeworfen. Dieser soll zunächst gefangen werden und anschließend soll das Körpergewicht auf dem Wackelbrett wieder ausbalanciert werden.
Hilfsmittel	Softball; Wackelbrett
Trainingshäufigkeit pro Woche	3x
Sätze pro Übung	3
Satzpausen	45 Sekunden
Belastungsdauer	15 Wiederholungen

Da die Person in einem sehr fitten Zustand ist, jedoch mit Gleichgewichtsübungen nur wenig Erfahrung hat, wird mit einem mittleren Belastungsgefüge begonnen.

D.h. es werden pro Übung 3 Serien durchgeführt, maximal sollten 5 Serien durchlaufen werden (modifiziert nach Chwilkowski, 2006, S. 61; Häfelinger et al., 2007, S. 61).

Da die Übungen keinen hohen Ermüdungsgrad aufweisen, wird mit 15 Wiederholungen bzw. 25 Sekunden pro Serie trainiert. Die Höchststufen liegen bei 30 Wiederholungen bzw. 60 Sekunden Haltedauer (modifiziert nach Chwilkowski, 2006, S. 61; Häfelinger et al., 2007, S. 61).

Es wird im Lauf des Trainings nach den didaktischen Prinzipien mit der einfachsten Übung begonnen, dann im Lauf des Trainings gesteigert und mit der schwierigsten Übung aufgehört (Chilkowski, 2006, S. 56 ff.).

Es kann mit zunehmender Trainingserfahrung das Belastungsgefüge freilich erhöht werden. Die Haltedauer, die Wiederholungszahl und die Anzahl der Sätze können hierfür erhöht werden.

5   Literaturrecherche: Effekte des Dehnens im Hinblick auf die sportliche Leistungsfähigkeit

Studie 1	
Wer hat die Studie durchgeführt?	Kokkonen, Nelson Eldredge, Winchester
In welchem Jahr wurde die Studie publiziert?	2007
Mit welchen Versuchspersonen wurde die Studie durchgeführt?	38 nicht professionelle Sportler Testgruppe: 11 weibliche Teilnehmer; 8 männliche Teilnehmer Kontrollgruppe: 11 weibliche Teilnehmer; 8 männliche Teilnehme
Wie sah der Versuchsaufbau der Studie aus?	Die Testgruppe absolvierte über zehn Wochen 3 mal wöchentlich ein 40-minütiges Dehnprogramm. Ansonsten fanden weder bei der Testgruppe noch bei der Kontrollgruppe keine sportlichen Aktivitäten statt. Es gab einen Test bezüglich Kraft, Stärke, Ausdauer und Flexibilität, sowie einen Re-Test nach Ablauf der 10 Wochen.
Welche relevanten Ergebnisse und Schlussfolgerung lieferte die Studie?	Bei der Testgruppe konnten folgende Verbesserungen festgestellt werden: Die Flexibilität nahmum durchschnittlich 18,1% zu. Die Weitsprungwerte stiegen um durchschnittlich 2,1% an, beim 1RM Test stiegen sowohl Knieflexion (15,3%) als auch Knieextension (32,4%). Die Testgruppe hatte keine signifikanten Verbesserungen zu verzeichnen.

Studie 2	
Wer hat die Studie durchgeführt?	Haddad, Dridi, Chtata; Chaouachi, Wong del; Behm, Chamari
In welchem Jahr wurde die Studie publiziert?	2014
Mit welchen Versuchspersonen wurde die Studie durchgeführt?	16 männliche Nachwuchsfußballspieler (17 – 19 Jahre)
Wie sah der Versuchsaufbau der Studie aus?	Zum Beginn der Studie absolvierten die Testpersonen Sprinttests (über 30m), 5er Sprung Tests und einen RSA (repeated sprint ability) Test. Für den Versuch durchliefen die Teilnehmer ein 15-minütiges, statisches Dehnprogramm, bei dem die Beinmuskulatur im Vordergrund stand. Nach dem Dehnprogramm musste eine Wartezeit von 24 Stunden eingehalten werden, ehe der RE-Test durchgeführt wurde. Es folgte ein weiteres, dynamisches Dehntraining, nach welchem erneut 24 Stunden gewar-

	tet wurde, bis ein erneuter RE-Test durchgeführt wurde.
Welche relevanten Ergebnisse und Schlussfolgerung lieferte die Studie?	Nach dem statischen Dehntraining blieben die Leistungen bezüglich der Explosivkraft unverändert, nach dem dynamischen Dehntraining jedoch verbesserten sich eben diese.

6   Literaturverzeichnis

Chilkowski, C. (2006). *Medizinisches Koordinationstraining – Verbesserung der Haltungs- und Bewegungskoordination durch Propriozeption* (2. Aufl.) Köln: Deutscher Trainer-Verlag.

Freiwald, J. (2004). *Dehnen – Legenden, Fakten*. Vortrag am Berufskolleg Waldenburg.

Haddad, M; Dridi, A; Chtara, M; Chaouachi, A; Wong del, O; Behm, D; Chamari, K (2014) Static Stretching can impair explosive performance for at least 24 hours. *Journal of Strength and Conditioning Research 28 Jan. 2014*

Häfelinger, U. & Schuba, V. (2007). *Koordinatherapie – Propriozeptives Training* (3. Aufl.). Aachen: Meyer & Meyer.

Hohmann, A., Lames, M. & Letzelter, M. (2002). Einführung in die Trainingswissenschaft. Wiebelsheim: Limpert.

Kokkonen, J; Nelson, A; Eldredge, C; Winchester, J (2007) Chronic static stretching improves excercise performance. *Med Sci Sports Excercise 39 Okt. 2007*

Slöveborn, S.-A. (1983). *Das Buch vom Stretching – Beweglichkeitstraining durch Dehnen und Strecken*. München: Mosaik

7   Abbildungs- und Tabellenverzeichnis

7.1 Tabellenverzeichnis

Tab. 1: Personendaten (eigene Darstellung)..3

Tab. 2: Beweglichkeitstest (eigene Darstellung)..4

Tab. 3: Test Hüftbeugemuskulatur (eigene Darstellung)..5

Tab. 4: Test Kniestreckmuskulatur (eigene Darstellung)...5

Tab. 5: Test Kniebeugemuskulatur (eigene Darstellung)...6

Tab. 6: Test Wadenmuskulatur (eigene Darstellung)...7